JN076852

Tadashi Matsuhisa

松久 正

88次元 Fa-A ドクタードルフィン

進化

進化する（松果体を活性化する）サポート

.

88

（88次元とは、神、エンジェル、その他のすべての宇宙高次元存在を超越する、

人類が認識できない至高のエネルギーレベルです）

この本を手に取って、この本に目を向けた、貴方/貴女は、

人類が体験したことのない次元の変貌を遂げます。

それは、何も期待しない、何も思考しない、という、

脳を使用しない"緩んだ意識エネルギー"が、可能にするものです。

いままでの地球では、文字や文章を読んだり、

声や話を聞くことで、自分を変えようとしてきました。

そのように、常識と固定観念で充満した脳を通して生み出される

気づきや学びをもつことが、目的だったのです。

しかし、それは、所詮、人間の三次元レベルの知識と情報にしか過ぎず、

大きく、思考や生き方を変えるまでの

エネルギーではないのです。

使用方法

左からパラパラと開いたときに現れる、22個のエネルギーシンボル
右からパラパラと開いたときに現れる、22個のエネルギーシンボル
合わせて44個の超高次元（88次元）エネルギーシンボルは、
88次元宇宙からの人類超次元上昇サポートです。
気になるページにアクセスする、または直感でページを開く、
本書の使用方法は自由です。

88

この、ドクタードルフィンの宇宙革命本「88」は、

文字や文章を持たない88次元のエネルギーシンボルを、

魔法の書として、一つにまとめたものです。

この超高次元シンボルたちのエネルギーは、貴方/貴女の脳を介することなく、

脳の中心にある松果体に届き、望む人生と身体を獲得するべく、

貴方/貴女の人生と身体を支配する

高次元DNAを書き換えてくれることでしょう。

ただ、ただ、ご自分の気になるページを開き、または、流れに任せてページを開き、

そこにある88次元シンボルのエネルギーを、受け取ってください。

その際、何も感じる必要はありません。何もする必要はありません。

88次元エネルギーとの交流、書き換えは、一瞬で起こります。

それにより、貴方/貴女は、然るべきときに、然るべきところで、

最高の恩恵を得ることでしょう。

88次元 Fa-A ドクタードルフィン 松久 正

健康

健康になるサポート

<ruby>楽<rt>ラク</rt></ruby>

楽になるサポート

癒し

癒されるサポート

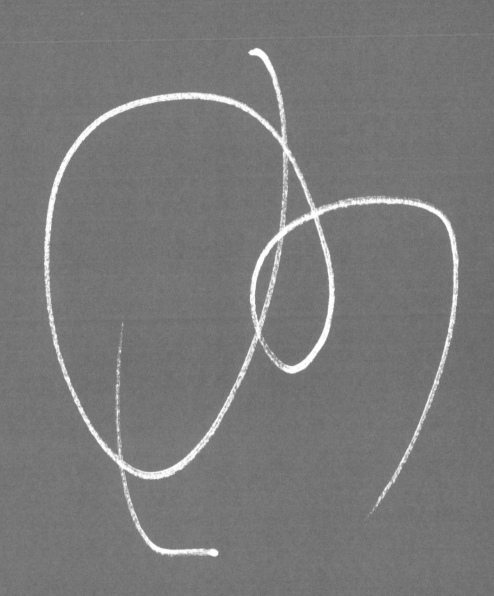

安心（お金）

お金の不安から解放されるサポート

ピュア

ピュアになるサポート

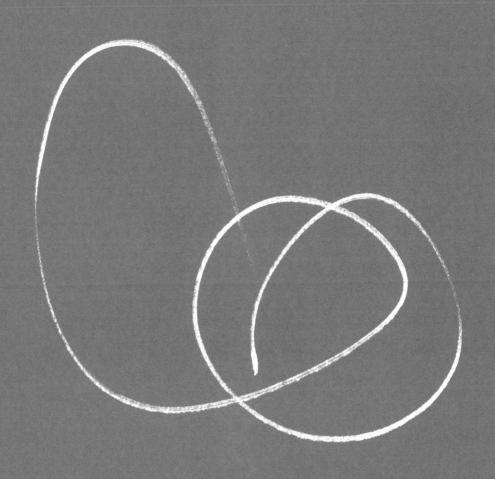

LOVE A

愛するサポート

信頼

信頼される存在になるサポート

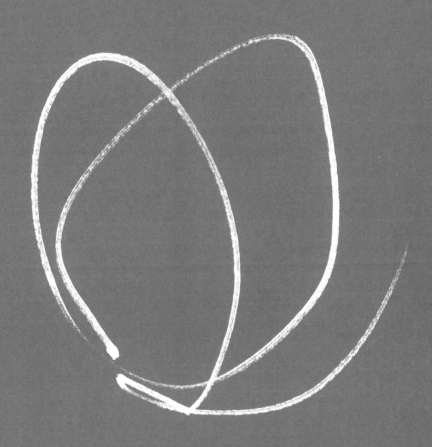

LOVE B

愛されるサポート

奇跡

奇跡を起こすサポート

希望

希望をもつサポート

勇気

勇気をもつサポート

愛（高次元）

無条件の愛エネルギーを上げるサポート

能力開花

能力を開花させるサポート

愛（三次元）

地球の愛情エネルギーを上げるサポート

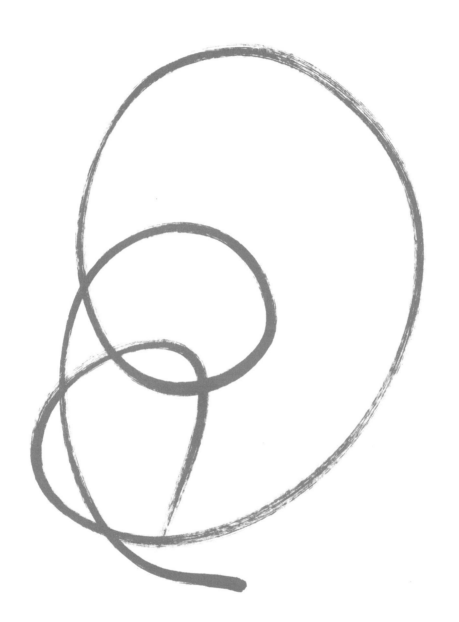

幸福

幸福になるサポート

安心（人生）

人生の不安から脱却するサポート

穏やか

穏やかになるサポート

許し（怒り）

怒りを手放すサポート

安定

安定して生きる力をサポート

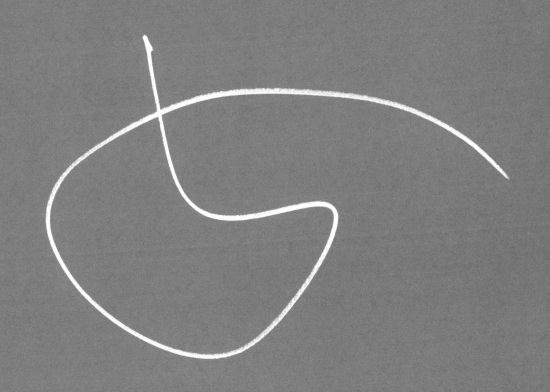

自信

自信をもつサポート

有名

有名になるサポート

浄化（罪悪感）

罪悪感を手放すサポート

裕福

裕福になるサポート

浄化（後悔）

後悔を手放すサポート

心の健康

心の病いからの快復をサポート

豊かさ

豊かさを手に入れるサポート

生きる意味・使命

生きる意味や使命を知るサポート

外見

綺麗になる、カッコよくなるサポート

感謝

感謝をもつサポート

賢さ

賢くなるサポート

強さ

強くなるサポート

体の健康

体の病いからの快復をサポート

優しさ

優しくなるサポート

救い（死の恐怖）

死の恐怖を手放すサポート

素直さ

素直になるサポート

自己愛

自分を好きになるサポート

生きる力

生きる力をもつサポート

血圧

高血圧を下げるサポート（低血圧を上げるサポート）

生きがい

生きがいをもつサポート

血糖

高血糖値を下げるサポート（低血糖値を上げるサポート）

やる気

やる気をもつサポート

コレステロール

高コレステロール値を下げるサポート（低コレステロール値を上げるサポート）

許し（憎しみ）

憎しみを手放すサポート

88次元 Fa-A
ドクタードルフィン 松久 正

医師（慶応義塾大学医学部卒）、米国公認Doctor of Chiropractic（米国Palmer College of Chiropractic卒）。
鎌倉ドクタードルフィン診療所院長。

超次元・超時空間松果体覚醒医学（SD-PAM）／超次元・超時空間DNAオペレーション医学（SD-DOM）創始者。

神や宇宙存在を超越する次元エネルギーを有し、予言された救世主として、人類と地球を次元上昇させ、弥勒の世を実現させる。

著書多数。

ドクタードルフィン公式ホームページ　　https://drdolphin.jp

88

第一刷 2021年12月31日

著者 文・絵：88次元 Fa-A ドクタードルフィン 松久 正

発行人 石井健資
発行所 株式会社ヒカルランド
〒162-0821 東京都新宿区津久戸町3-11 TH1ビル6F
電話 03-6265-0852 ファックス 03-6265-0853
http://www.hikaruland.co.jp info@hikaruland.co.jp

振替 00180-8-496587
本文・カバー・製本 中央精版印刷株式会社
本文・カバー・DTP takaoka design
編集担当 高島敏子

88

（88次元とは、神、エンジェル、その他のすべての宇宙高次元存在を超越する、

人類が認識できない至高のエネルギーレベルです）

この、ドクタードルフィンの宇宙革命本「88」は、

文字や文章を持たない88次元のエネルギーシンボルを、

魔法の書として、一つにまとめたものです。

この超高次元シンボルたちのエネルギーは、貴方/貴女の脳を介することなく、

脳の中心にある松果体に届き、望む人生と身体を獲得するべく、

貴方/貴女の人生と身体を支配する

高次元DNAを書き換えてくれることでしょう。

この本を手に取って、この本に目を向けた、貴方/貴女は、

人類が体験したとことのない次元の変貌を遂げます。

それは、何も期待しない、何も思考しない、という、

脳を使用しない"緩んだ意識エネルギー"が、可能にするものです。

使用方法

左からパラパラと開いたときに現れる、22個のエネルギーシンボル
右からパラパラと開いたときに現れる、22個のエネルギーシンボル
合わせて44個の超高次元（88次元）エネルギーシンボルは、
88次元宇宙からの人類超次元上昇サポートです。
気になるページにアクセスする、または直感でページを開く、
本書の使用方法は自由です。

88

いままでの地球では、文字や文章を読んだり、

声や話を聞くことで、自分を変えようとしてきました。

そのように、常識と固定観念で充満した脳を通して生み出される

気づきや学びをもつことが、目的だったのです。

しかし、それは、所詮、人間の三次元レベルの知識と情報にしか過ぎず、

大きく、思考や生き方を変えるまでのエネルギーではないのです。

ただ、ただ、ご自分の気になるページを開き、

または、適当に流れに任せてページを開き、

そこにある88次元シンボルのエネルギーを、受け取ってください。

その際、何も感じる必要はありません。何もする必要はありません。

88次元エネルギーとの交流、書き換えは、一瞬で起こります。

それにより、貴方/貴女は、然るべきときに、然るべきところで、

最高の恩恵を得ることでしょう。

88次元 Fa-A ドクタードルフィン 松久 正

Tadashi Matsuhisa

松久 正

88次元 Fa-A ドクタードルフィン